ÉDOUARD THIERRY

LA

SECONDE INTERDICTION

DE

TARTUFFE

AVEC LA LETTRE SUR
LA COMÉDIE DE L'IMPOSTEUR

1667

CHERBOURG

IMPRIMERIE AUGUSTE MOUCHEL

1874

LA SECONDE INTERDICTION DE TARTUFFE

951

ÉDOUARD THIERRY

LA

SECONDE INTERDICTION

DE

TARTUFFE

AVEC LA LETTRE SUR
LA COMÉDIE DE L'IMPOSTEUR

1667

CHERBOURG

IMPRIMERIE AUGUSTE MOUCHEL

1874

LA SECONDE INTERDICTION DE TARTUFFE

5 AOUT 1667

LETTRE SUR LA COMÉDIE DE L'IMPOSTEUR [1]

Le départ des officiers pour la campagne de Flandre ne faisait pas les affaires du théâtre. « Vous savez, écrivait Mme de Sévigné à Bussy-Rabutin, dans sa lettre du 20 mai 1667, vous savez qu'il n'est plus question que de guerre. Toute la cour est à l'armée, et toute l'armée est à la cour. Paris est un désert, et désert pour désert, j'aime beaucoup mieux celui de la forêt de Livry où je passerai l'été.

> En attendant que nos guerriers
> Reviennent couverts de lauriers »

En attendant, la *Veuve à la mode* (2) s'était jouée,

---

(1) *Lettre sur la comédie de l'Imposteur*, in-12 de 124 p., 1667, sans nom d'auteur ni d'imprimeur.

(2) *La Veuve a la Mode*, comédie en un acte en vers, de de Visé, représentée pour la première fois, le 15 mai 1667, avec *Attila*, sur le Théâtre du Palais-Royal

peu s'en faut, dans le vide. En attendant aussi, reposé
par le séjour d'Auteuil, rajeuni par le régime du lait
(du lait de vache, disait-on alors, comme nous disons
le lait de chèvre), Molière, avec la robe de chambre
et le bonnet de nuit de don Pédre, redoublait de verve
dans le *Sicilien* (1) pour attirer la seule clientèle qui lui
restât, les clercs de procureurs et les marchands de la
rue Saint-Denis. Malheureusement, la bourgeoisie elle-
même se tenait éloignée du théâtre et se piquait, par
honneur, de n'y pas plus paraître que si elle eût porté
l'épée.

En trois représentations, *Attila* et le *Sicilien* descen-
dirent de cent quarante-deux livres à quatre-vingt-
quinze. « Néant pour le partage (2). » On remplaça le
Roi des Huns par *Rodogune* qui releva d'abord la recette; mais ce fut encore l'affaire de deux jours. Le
troisième, revint le terrible NÉANT. *Rodogune* fut
remplacée à son tour par l'*Amour médecin*. Les deux
comédies-ballets (3) données ensemble furent plus heu-
reuses. C'était un spectacle agréable et sans fatigue
comme les demande l'été vers la Saint-Jean. A la fin de la
semaine, le spectacle donnait encore cent quatre-vingt-
cinq livres de recette et sept livres dix sous de partage.
Ce n'était pas assez toutefois, pour qu'au premier em-

---

(1) *Le Sicilien*, comédie-ballet en un acte, représentée pour la première fois à Saint-Germain-en-Laye le 16 février 1667, dans *le Ballet
des Muses;* à Paris, le 10 juin de la même année, encore avec *Attila.*

(2) Le partage, c'est-à-dire la part que chaque acteur touchait sur
la recette de la journée

(3) *Le Sicilien* et l'*Amour médecin.*

pêchement, le théâtre ne saisît pas le prétexte de se fermer. Aussi se ferma-t-il pendant dix jours, du 28 juin au 8 juillet, sans que personne y trouvât à redire. L'attention publique était du côté de la guerre dont les nouvelles se succédaient, tous les jours, rapides et glorieuses : 30 juin, nouvelle de la réduction de Tournay; 2 juillet, arrivée du Roi devant Lille; 3, ouverture de la tranchée; 5, la contrescarpe franchie par les Suisses; 6, reddition du fort de Douay. Et, à travers tous ces bruits de l'armée, un événement d'un autre genre, l'exaltation du cardinal Rospigliosi au souverain pontificat, sous le nom de Clément IX, était encore une victoire Française

Le 8, tandis que le Roi quittait un moment le théâtre de la guerre pour rejoindre la Reine à Compiègne auprès du Dauphin, Molière redonnait le *Sicilien* qui eut encore huit représentations : trois avec *le Médecin malgré lui;* trois avec *Sganarelle;* une avec *l'Amour Médecin,* le 22, et la dernière avec *le Médecin malgré lui*, sans dépasser une recette moyenne de 157 livres, ni descendre au-dessous de 116. Le mardi 28, relâche dans tous les théâtres à l'occasion du *Te Deum* chanté pour la prise de Courtray. Ce jour-là, *le Sicilien* ayant naturellement disparu de l'affiche, Molière profita de l'occasion pour ne pas l'y remettre. Le 29, il reprit *la Veuve à la Mode* accompagnée de *l'Ecole des Maris*. Le 31, même spectacle. Recette de dimanche : deux cent quatre-vingt-neuf livres. C'était le plus beau chiffre que la pièce eût encore atteint. De Visé dut croire que la fortune lui revenait. Le mardi encore même spectacle, mais non pas même recette :

quatre-vingt-sept livres, trois de partage. Décidément, c'était assez longtemps tenir la partie avec des jeux enguignonnés. Las de la mauvaise chance et cherchant enfin à mettre aussi de son côté le bonheur général, Molière changea tout d'un coup ses cartes. Comme l'Alcippe des *Facheux*, il mit sur table une triomphante quinte major, la quinte major de Molière était *Tartuffe*.

Quand il n'y a plus personne à Paris, on sait ce qu'il s'y trouve encore de monde pour un spectacle de haute curiosité. A l'annonce de *Tartuffe* (1), la foule reparut, et la receveuse du théâtre, Mlle de Lestang, inscrivit, sur son bordereau du 5 août · dix-huit-cent-quatre-vingt-dix livres.

Mais Alcippe avait compté sans les bas carreaux de son adversaire, et Molière sans les manœuvres de ses ennemis. *Panulphe* s'était donc joué le 5: le 6, un huissier de la cour du Parlement vint de la part du président Lemoignon interdire la représentation de la pièce.

Singulière aventure ! Si Molière n'eût pas été autorisé à jouer sa comédie, comment croire qu'il eût été assez hardi pour contrevenir aux défenses du Roi ? Et si la permission lui avait été accordée, comment expliquer ce coup de foudre dans un ciel serein ? Le rideau ne s'était pas levé sans que La Grange eût annoncé la pièce dans le spectacle précédent, sans qu'elle eût été affichée non-seulement le matin, mais la veille de la représentation. Paris a toujours lu les

---

(1) Sous le titre de *Panulphe*.

affiches de théâtres. L'affiche de *Tartuffe*, le nom de
l'*Imposteur* fut-il dissimulé sous le pseudonyme trans-
parent de *Panulphe*, dut être la nouvelle qui court en
un moment toute la ville et fait l'entretien de tout le
monde. Le Parlement ne s'étant pas ému dès la première annonce, il y avait eu de sa part au moins tolérance tacite; rien n'est plus vraisemblable, avec
l'amitié dont M. de Lamoignon honorait Molière, et
dans un temps d'allégresse publique où la justice du
Roi devait se laisser désarmer par ses victoires.

Mais l'autorisation de jouer une pièce ne lui assure
qu'un jour. Le lendemain est subordonné à l'effet de
la représentation. Pour peu que celle du *Tartuffe*
eût soulevé des murmures ou qu'elle eût été accueillie
par des applaudissements excessifs (la cabale était
bien capable de jouer le double jeu), l'absence du Roi,
loin de servir Molière, lui ôtait le seul protecteur
dont ses ennemis n'auraient peut-être pas eu raison.
Dès les premières plaintes de l'épiscopat et de la ma-
gistrature, la responsabilité devenait trop lourde pour
le premier président; il s'y déroba tout de suite et se
hâta de replacer la pièce sous l'interdit, afin que
quand les plaintes arriveraient au Roi, Sa Majesté
apprît en même temps la représentation soufferte et
supprimée.

C'était un cruel événement pour la troupe de Molè-
re. La Grange n'en a dit que deux mots (1): mais il y a
ajouté un commentaire à sa façon, celui d'un sage qui

_____

(1) « Le lendemain 6ᵐᵉ, un huissier de la Cour du Parlement est
venu de la part du premier président, M de la Moignon, deffendre la
pièce »

ne veut ni parler ni se taire. A la marge de son registre, il a dessiné un petit rond divisé en deux parts,
l'une teintée de noir, l'autre de bleu; au-dessous du
rond, une ligne horizontale d'où s'élèvent, sur trois pe-
tites tiges, comme trois perles radiées. Ce que signifient
les deux couleurs rapprochées dans le même anneau,
cela se devine à peu près : le bleu c'est la joie du cinq,
le noir c'est le deuil du six : ensemble, la victoire si
vite changée en désastre. Quant aux trois perles radiées ou traversées d'une croix, ne signifient-elles pas
les chandelles allumées ? On dirait une illumination
en rébus. Reste à savoir si, le 5 août, moitié en l'honneur des conquêtes du Roi, moitié en l'honneur de la
représentation, le Palais-Royal n'avait pas eu son illumination et ses fusées ?

Cherchez dans la *Gazette de France* un renseigne-
ment quel qu'il soit sur ce qui nous intéresse; la
Gazette se tait. L'interdiction, comme la représentation, elle ignore tout, c'est l'habitude; mais ce qui
sort de l'habitude, c'est qu'elle n'a pas d'article-Paris
dans son numéro du 13 août. Les nouvelles de la ville
manquent du 4 au 15. Est-ce que l'huissier du Parlement aurait aussi passé à la *Gazette* pour les supprimer ?

Si l'officier de justice passa également chez Muguet,
rue de La Harpe, où s'imprimait la Gazette de Robinet,
il arriva trop tard. La *Lettre en vers* avait paru le matin même du jour de l'interdiction. Il est vrai que le
rimeur à la semaine avait fait son article la veille du
spectacle :

> Je fis le *quatre août* ces historiques pages
> Pour un objet royal qui vaut tous nos hommages.

La *Lettre en vers* de Robinet, écrite le 4 août, assez
en l'air d'ailleurs, rendons lui cette justice, ne peut
donc rien nous apprendre. Le gazetier annonce et pro-
met surtout un éclatant succès. Fort bien; mais son
témoignage est nul. Ce qui reste acquis toutefois, c'est
que la duchesse d'Orléans se proposait d assister au
spectacle du lendemain, qu'elle l'avait annoncé et
qu'elle le fit sans doute; mais la présence de cette
charmante princesse n'eut pas la vertu de conjurer
l'orage. Le Roi absent, sa protection, à elle aussi, devint hésitante et timide. Comme le premier président,
Madame eut peur de se compromettre et se tint à
l'écart (1).

Dans cet étrange événement, que restait-il à Molière ? Il lui restait de recourir comme toujours aux bon-
tés du Roi, c'est-à-dire a sa bienveillante équité.

(1) Robinet eut peur aussi Sa gazette ne paraissait encore que
par tolérance. Il sollicitait un privilége, et son article inopportun
n'était pas pour rendre le chancelier plus favorable à sa demande Le
samedi suivant, il fit ce qu'il aurait dû faire plus tôt, il devint circons-
pect De sa maladresse et de *Panulphe*, pas un mot En revanche,
compte-rendu enthousiaste de la représentation annuelle donnée à
l'occasion de la distribution des prix par les élèves du collége de
Clermont *(Le Martyre d'Andronic,* et un ballet terminé par le cou-
ronnement de l'Innocence\. On voit d'ici le succes C'était un nouveau
triomphe remporte sur la comédie de scandale D'ailleurs, conclut
Du Laurens .

        D'ailleurs la decoration
        Etait certes fort magnifique,
    Bonne pareillement se trouva la musique
    Et bref tout y donnait de l'admiration,
        Mais c'est aux jesuites a faire
        Et c'est aux autres a SE TAIRE

On voit bien à peu près qui sont ' les autres, » Molière en est et
Du Laurens aussi, le premier — Le chancelier signa le privilége.

Pour supprimer la pièce, après l'avoir laissée annoncer et représenter sans obstacle, on s'avisait après coup que la Troupe du Roi n'avait pas demandé l'autorisation du Parlement. Sur quoi, Molière répondait assez bien que l'autorisation du Parlement n'avait pas semblé nécessaire là où le Parlement n'était jamais intervenu; que le Roi seul avait défendu la comédie, et que, Sa Majesté ayant daigné en permettre la représentation, toute permission était acquise.

Louis quatorze avait donc permis la représentation. Il n'y a pas à en douter; Molière le dit et le dit au Roi lui-même, dans le placet (1) qu'il écrivit pour en appeler au témoignage de son maître sur le fait de son innocence. Mais on n'est jamais assez innocent quand on a la fortune contre soi; ce qui donnerait à croire que la représentation de *Panulphe* avait été presque un échec, ou tout au moins une victoire mal traitée. C'est peut-être là ce que signifie le rond mi-parti bleu et noir de La Grange: et au théâtre plus qu'ailleurs on ne se justifie que par le succès.

Si Louis quatorze s'était laissé surprendre un consentement, c'était à la condition d'un succès qui l'eût justifié lui-même. La chance ayant mal tourné, le Roi aurait-il le courage de ne s'en pas dédire, et de ne pas désavouer l'événement ?

Molière n'en était pas assez sûr pour risquer de porter personnellement son placet au camp devant Lille. Voyage pénible pour une santé délicate, dans un pays ravagé par la guerre, et, au bout du voyage, résultat

_____

(1) Le *second placet*, comme on l'appelle en tête des éditions de *Tartuffe*

incertain. Mieux valait envoyer le placet; mais il
n'était pas aisé non plus de l'écrire. On peut se figurer.
que Molière s'y reprît à plusieurs fois avant d'user son
irritation contre ses ennemis et de retrouver, comme
il fit, le sang froid, la libre possession de soi-même qui
vont si bien dans une juste cause. Du reste, il en eut
le loisir. L'huissier du Parlement s'était présenté le 6,
on s'en souvient. La Thorillière et La Grange (1), char-
gés de porter le placet, ne se mirent en route que le 10,
soit qu'effectivement la lettre de Molière les eût
retenus jusque-là, ou qu'il n'eussent pas trouvé plus tôt
un moyen de transport.

La Grange, toujours sobre de détails, n'en donne pas
d'autre que celui-ci sur le voyage de Lille, à savoir que
son camarade et lui partirent en poste. Il avait même
commencé par l'omettre et ne l'ajouta qu'en se relis-
sant, pour expliquer peut-être la fin de son apostille :
« Le voyage a coûté mille livres à la troupe. »

La cour fit un excellent accueil aux deux comédiens, La Grange s'en loue. Comment n'eussent-ils
pas été reçus à bras ouverts ? Avec eux c'était Paris, le
Paris des belles fêtes, qui apparaissait tout à coup au
milieu de l'armée, parmi les équipages de siége et les
canons en batterie. Ils allèrent d'abord présenter leurs
devoirs à Monsieur, comme au protecteur naturel de
son ancienne troupe. Monsieur leur témoigna l'intérêt
le plus obligeant, et ne cessa pendant leur séjour de
leur en donner des marques publiques. Malgré tout, le
but du voyage n'était pas rempli. Ce que demandaient
les deux ambassadeurs, c'était d'être présentés au Roi

(1) La Grange partait naturellement à titre d'orateur de la troupe.
La Thorillière, avant d'être comédien, avait été capitaine d'une compagnie de gens de pied, au régiment de Lorraine.

2

et de plaider eux-mêmes la cause de *Tartuffe;* mais le
Roi n'entendait pas être pressé. Il se réservait de
prononcer à son heure. Au fond, et dans un démêlé si
délicat, où la comédie avait de si considérables adversaires, ne pas décider tout de suite, c'était déjà lui être
favorable. Avec sa grande netteté de jugement, Louis
qnatorze ne voulait pas aller plus loin. Ce n'était
ni le lieu ni le moment de donner un sujet de
plainte à la religion, dans un pays encore espagnol,
et parmi les Te-Deum où la reconnaissance du vain-
queur renvoyait solennellement à Dieu la gloire de ses
triomphes.

La mesure ainsi faite, le Roi n'accorda pas aux
comédiens l'audience qu'ils sollicitaient; mais laissons
la parole à La Grange : «Sa Majesté, nous fit dire, qu'à
son retour à Paris il ferait examiner la pièce de *Tartuffe,* et que *nous la jouerions.* » La promesse est for-
melle.

Combien de temps la réponse se fit-elle attendre ?
La Grange et la Thorillière étaient-ils au camp, le
16 août, lorsque le feu prit au quartier-genéral du Roi ?
y étaient-ils le 17, lorsque le travail de circumvalla-
tion fut terminé ? le 19, quand la tranchée fut ouverte ?
le 20, quand on commença à jeter des bombes dans la
place ? la nuit du 24 où l'on enleva la contrescarpe ? le
24, le jour de la Saint-Louis où l'artillerie solennisa
la fête du Roi par un terrible feu d'artifice : 22 pièces
de 24 foudroyant la ville de concert avec le canon de
la tranchée ? le 28 enfin quand le tambour battit la
chamade et qu'on signa la capitulation ?

Tout cela se pouvait à la rigueur; mais La Grange
n'avait rien d'un curieux, et son Registre n'entre pas
dans les curiosités superflues.

« La troupe, ajoute-t-il succinctement n'a pas joué

pendant notre voyage, et nous avons recommencé le 25 septembre, dimanche, par le *Misanthrope*. »

Le théâtre du Palais-Royal resta donc fermé pendant six semaines. »

Inutile de dire que l'absence de La Grange et de La Thorillière ne fut pas d'aussi longue durée. Le Roi lui-même quitta Lille, le 29 août. En admettant que nos deux comédiens eussent attendu la reddition de la place, si les représentations du Palais-Royal avaient été d'abord interrompues à cause de l'insuffisance de la troupe, on voit qu'elles auraient pu être reprises dès les premiers jours de septembre.

Que faisait cependant Molière ? Molière boudait Paris qu'il punissait en se tenant à l'écart; mais il n'avait pas boudé de telle sorte qu'il n'eût commencé par prendre la plume, pour répandre cette fois toute l'amertume de son cœur dans une brochure chaudement improvisée, et pour donner au public, faute d'une autre représentation, le récit de sa pièce avec les commentaires.

Quatorze jours après l'interdiction de *Tartuffe*, la brochure était achevée, Molière écrivait à la dernière page « 20 août 1667 » et livrait son manuscrit à l'impression sous le titre de : *Lettre sur la Comédie de l'Imposteur*, comme pendant à la *Lettre sur le Misanthrope*. Imprimeur clandestin; brochure anonyme.

Mais la brochure anonyme est-elle de Molière ?

Si elle n'est pas de Molière, de qui serait-elle ?

D'un simple spectateur, comme elle l'assure ? d'un honnête amateur de spectacle qui ayant assisté, par fortune, à la représentation l'aurait si bien suivie des oreilles et des yeux, qu'il se trouvât presque en mesure de renouveler, à l'égard de *Panulphe*, le tour de force de Neufvillenaine à l'endroit de *Sganarelle ?*

Mais *Sganarelle* n'avait qu'un acte et *Tartuffe* en a cinq.

Mais l'histoire de Neufvillenaîne n'est peut-être pas aussi vraie qu'on a coutume de le croire. Peut-être aussi couvre-t-elle quelque infidélité d'un gagiste qui aurait secrètement livré le manuscrit.

Mais Neufvillenaine n'avait pas manqué, disait-il, une seule des premières journées de *Sganarelle*, et l'*Imposteur* en était resté à la première.

Quand l'auteur de la *Lettre* affirme n'avoir connu la pièce qu'à la scène, il ne se flatte probablement pas d'être cru. Ce n'est pas d'un seul coup, pour s'être trouvé dans la fièvre d'une représentation turbulente, qu'on entre au cœur d'une œuvre dramatique comme *Tartuffe*, qu'on en pénètre la conception, qu'on en saisit le plan, qu'on en suit la disposition dans toutes ses parties, sans laisser échapper l'ordre d'une seule scène, sans déranger du texte que ce qu'il faut pour ramener le vers à la prose. Encore ne faudrait-il pas trop presser l'exact rapporteur de remettre sa prose en vers :

« L'auteur, écrit-il, s'est contenté la plupart du temps de rapporter à peu près les mêmes mots et ne se hasarde guères à mettre des vers: *il lui était bien aisé, s'il l'eût voulu, de faire autrement*, et de mettre tout en vers ce qu'il rapporte... »

Qui parle ainsi ? qui se joue ainsi autour de la vérité ? Nul autre que Molière ou un ami de Molière et des mieux placé dans sa confidence.

L'ami est là. Nous le connaissons. Ceux qui l'ont voulu trouver, ne l'ont pas cherché bien loin. Il est de la maison. Il y tient par deux succès de comédie et encore par un autre endroit. Après le succès du *Misan-thrope*, il s'est chargé d'analyser le caractère origi-

nal d'Alceste. Après la suppression de l'*Imposteur*, si
quelqu'un presse Molière d'entrer dans le débat, de
dire ce qui doit être dit, de répondre à la curiosité
universelle, c'est de Visé avec l'ardeur du journa-
liste futur; mais pour peu que Molière hésite par dé-
couragement ou par lassitude, s'il lui en coûte de se
défendre lui-même, d'entreprendre son apologie et de
réduire sa pièce à la pauvreté du discours, c'est l'affaire
de de Visé ! Que Molière lui passe la parole, qu'il lui
laisse prendre le manuscrit du souffleur, de Visé sera
le spectateur officiel, chargé de voir, chargé d'entendre, de juger, de se souvenir pour tout le monde, et
de faire la relation authentique de la représentation.

Si l'on pouvait oublier ce que coûta de chagrins à
Molière la situation d'où sortit cette relation précieuse,
on se surprendrait à ne pas regretter l'interdiction du
6 août, puisqu'on lui doit d'entrevoir ce qu'on appel-
lerait dans la langue des graveurs, le second *état* de
Tartuffe.

Tartuffe en a eu trois:

L'*épreuve* inachevée des *Fêtes de Versailles. Etat*
inconnu;

L'*épreuve* avant les dernières retouches, avant la
Lettre (pardon pour le jeu de mots qui s'est fait de
lui-même) celle dont la *Lettre* donne une sorte de
décalque et qu'elle permet de comparer dans une cer-
taine mesure avec le troisième *état;*

L'*épreuve* définitive de 1669

Entre la seconde et la troisième *épreuve*, les diffé-
rences ne sont pas aussi considérables qu'on pourrait
le croire, dans la composition du moins, — le détail
nous échappe — et elles ont ceci de particulier, que
si Molière s'amende en quelque endroit, c'est pour
avoir failli contre les règles de son art, contre l'ob-

servation de la vérité humaine, plutôt que contre cet esprit de réserve et de prudence qu'on appelait alors la politique.

Au point de vue de la politique, le changement le plus significatif, — on peut le trouver puéril, — c'est la suppression du nom de *Tartuffe*, transformé sur l'affiche comme dans la pièce en celui de *Panulphe*.

Panulphe ! quelle illusion pouvait faire ce pseudonyme ridicule ? Si la comédie était coupable, en quoi la rendait-il innocente ? Etait-ce par je ne sais quelle physionomie plus basse de ses trois syllabes et qui infligeait au personnage un surcroit de mépris ? Non; mais enfin Panulphe n'était que Panulphe, un malheureux quelconque et sans attache avec qui que ce fut. Tartuffe, au contraire, d'individu s'était fait famille, et sa famille s'appelait comme lui. Qui disait Tartuffe disait chacun des siens, et ce nom par lequel Molière les diffamait tous, les obligeait tous à se défendre. Etant le titre de la pièce, il en était aussi le premier crime. Le supprimer, c'était donner, non-seulement à la cabale, mais encore à beaucoup d'honnêtes gens, presque toute la satisfaction qu'ils pouvaient désirer; c'était supprimer le gros scandale de la comédie.

L'intention de l'auteur se trouvant ainsi justifiée, la comédie n'avait plus besoin de modifications aussi profondes et pouvait rester telle à peu près que nous la voyons aujourd'hui.

Même lever de rideau. C'est toujours ce chef-d'œuvre des expositions dont la mise en scène est si simple qu'elle rappelle, sans autre comparaison, Dieu merci ! l'annonce à la porte d'un spectacle forain : le tableau, l'opérateur et sa baguette.

Le tableau, le voici; il est vivant. Ce sont les ac-

teurs même de la pièce rangés en éventail et debout
derrière les chandelles. Ils viennent tour à tour se
placer sous la baguette. Ils se présentent au devant de
leur histoire et de leur nom; mais sans paraître songer
qu'on les regarde, sans avoir l'air de commencer un
jeu, continuant comme continue la vie.

Nous ne sommes pas vis-à-vis d'un spectacle; nous
sommes vis-à-vis de la réalité. Ici demeure Orgon,
M. Orgon, le mari de Mme Elmire. Le mari parti pour
les champs, la belle-mère est venue, par devoir. faire
visite à sa belle-fille. La visite se termine, on descend
à la salle basse, la bonne femme la première, la famille, par cérémonie, à sa suite; mais de quel pas! La
cérémonie ressemble à une déroute. Qu'y a-t-il donc ?
Il y a que la conversation s'est échauffée là-haut,
comme à l'ordinaire, et que Mme Pernelle, en querelle
avec tout le monde, s'est levée brusquement de son
siége pour quitter la partie.

Mais, avant de sortir, l'aigre discuteuse se retourne
et tient tête encore une rois à ses contradicteurs. C'est
là qu'elle est bien posée pour les blasonner l'un après
l'autre. Chacun d'eux a son fait, chacun son portrait
que la vieille lui tire en trois mots, sans compter le
soufflet par intention qu'elle leur donne à tous sur la
joue de Flipote. La rupture est déclarée. L'action a
marché sans un temps d'arrêt. Le sujet et les précé-
dents de la pièce se sont exposés en pleine action.

Je sens bien que je prends un sentier qui détourne;
mais le moyen de ne pas se laisser engager dans un
détour où vous attire *Tartuffe, Tartuffe* expliqué
par Molière.

La *Lettre sur l'Imposteur* ne sert pas seulement à
constater les retouches et les *repentirs* du maître, elle
est importante aussi par certaines indications dont elle

éclaire le jeu des comédiens et la mise en scène. Ici,
nous avons le costume de Mme Pernelle, « qu'à son
air et à ses habits on n'aurait garde de prendre pour
la mère du maître de la maison. » Ainsi, sa tournure
et ses grimaces contrastent avec la bonne mine des
personnes qui la suivent. L'incompatibilité d'humeur
s'accuse tout de suite. Mme Pernelle n'a pas encore
parlé qu'elle a tort, et il le faut; sans cela tous ses
griefs risqueraient de sembler justes. Damis pourrait
n'être, en effet, qu'un méchant garnement, comme elle
dit, Marianne une dissimulée, Elmire une coquette dé-
pensière et de mauvais exemple. Du moment où Mme
Pernelle est posée en ridicule, personne n'a plus besoin
de lui répondre; personne ne lui répond aussi pour
se justifier; personne ne conteste avec elle que sur un
point, mais sur lequel tout le monde est bien d'accord
à ne pas lui laisser le dernier mot : la louange de
Panulphe, et la confusion que fait la bonne femme de
la piété véritable avec l'hypocrisie.

Dans *Panulphe*, puisque *Panulphe* il y a, notons d'a-
bord ce qui a été modifié depuis. Aussitôt le débat
réveillé par la vivacité impatiente de Damis, Cléante y
prenait le haut bout. C'était lui qui achevait la boutade de Dorine, à l'endroit de Madame Orante :

> Tant qu'elle a pu des cœurs attirer les hommages

Et, poussant plus loin le discours, « pour un exemple de bigoterie qu'avait apporté Mme Pernelle » il
en donnait tout de suite « six ou sept de véritable
vertu : »

> Regardez Ariston, regardez Periandre,
> Oronte, Alcidamas, Polydore. Clitandre...

Mais quoi ? Du moment où Cléante argumentait sé-
rieusement contre Mme Pernelle, sa scène avec Orgon
devenait une redite.

Une redite, la scène capitale du premier acte !
Une redite, la thèse solennellement soutenue par l'honnête homme de la pièce sur la vraie et la fausse piété !
Cela ne pouvait pas être, Molière le sentit bien; et
ayant dans ce premier acte quatre champions pour deux
passes d'armes, il appaira les couples de manière à di-
viser nettement la joute comique et la joute sérieuse :
Dorine avec Mme Pernelle, deux bonnes langues, au
début; plus tard, Orgon avec Cléante, et celui-ci armé
de toute son éloquence.

A la sortie de Mme Pernelle, Elmire et Marianne ne
l'accompagnaient pas jusqu'au-dehors, comme elles font
aujourd'hui ? Elmire encore indisposée n'allait pas plus
loin que la salle basse; tout le monde restait donc en
scène, moins la grand'mère et sa servante bien entendu.
Ici commençait une seconde exposition dans les formes
ordinaires, exposition relative au second intérêt de la
pièce, c'est-à-dire à l'amour mutuel de Valère et de
Marianne. Quand le jeune homme est un cavalier
accompli, qu'il presse de tous ses vœux un mariage également souhaité par la jeune fille et désirable à tous les
titres, pourquoi le mariage ne se fait-il pas ? se deman-
dait la famille réunie : Qu'y a-t-il au fond de ces retar-
dements ? Il doit y avoir Panulphe, répondaient Damis
et Dorine : « Et là, dit la *Lettre*, on commence à
raffiner le caractère du saint personnage, en montrant,
par l'exemple de cette affaire domestique, comment
les dévots, ne s'arrêtant pas simplement à ce qui est
plus directement de leur métier, qui est de critiquer et
de mordre, passent au-delà, sous des prétextes plau-
sibles, à s'ingérer dans les affaires les plus secrètes et
les plus séculières des familles. »

On délibérait enfin sur ce qu'il convenait de faire
en cette occurence. Avis unanime : charger Cléante de
voir Orgon pour en tirer une réponse définitive.

C'était alors qu'Elmire remontait dans sa chambre, emmenant Damis et Marianne. Dorine restée seule avec Cléante se mettait à le renseigner, — elle le fait encore — sur ces secrets d'un ménage que dissimule l ngtemps une femme sensée; mais que Cléante ne doit plus ignorer maintenant: l'engouement d'Orgon à l'endroit de Panulphe, le despotisme exercé par Panulphe sur la famille entière; et, afin que le frère d'Elmire n'en put pas douter, Orgon, survenant à point, achevait de confirmer par la preuve le dire de Dorine, dans l'admirable épisode du « Pauvre homme ! »

On se rend bien compte du remaniement: toute une grande scène retranchée, avec une tirade d'un effet certain, la seconde exposition réduite à six vers dits par Damis et jetés « pour moins d'amusement » dans un rapide mouvement de sortie. Travail et sacrifice tout ensemble. En faisant l'un et l'autre, Molière regretta peut-être un moment sa tirade sur les opérations matrimoniales des dévots de place, peut-être aussi le conseil de famille d'où découlaient originairement les confidences de Dorine à Cléante; mais le regret ne fut pas de longue durée. D'abord, puisque Panulphe ne voulait pas marier la fille d'Orgon, ni l'épouser lui-même. la tirade en question n'était qu'un hors-d'œuvre et une méchanceté de placage. Quant aux confidences de Dorine sur la maison de son maître, elles étaient aussi bien la suite naturelle de la rupture à laquelle venait d'assister Cléante. A-t-on jamais trouvé que celui-ci ne fut pas suffisamment prié par Damis d'intervenir auprès d'Orgon en faveur de Valère, surtout lorsque le tour que va prendre la scène entre les deux beaux-frères, les entraînera si loin de ce petit intérêt ?

En revanche, quelle force d'effets accumulés !

Quelle suite de chefs-d'œuvre sans intervalle ! Après
la scène de Mme Pernelle, le couplet de Dorine sur les
tendresses d'Orgon pour Panulphe, l'entrée d'Orgon,
« le Pauvre homme ! » le portrait de Panulphe fait
par Orgon lui-même, caricaturiste à son insu, le grand
discours de Cléante enfin sur l'hypocrisie !

Si l'interdiction de *Tartuffe* a été la première appli-
cation d'une censure dramatique, *Tartuffe* n'est pas
resté le seul exemple des pièces de théâtre qui se sont
heureusement amendées à cause d'elle.

Mais dans le *Panulphe* de 1667 comme dans le *Tar-*
tuffe de 1669, ce qui est bien à remarquer, c'est
l'attitude irréprochable d'Elmire, toujours la même
au milieu de ces changements, toujours discrète, toujours conforme aux plus délicates convenances.

Non-seulement Elmire ne dit rien qu'elle ne doive
dire, Molière ne veut même pas qu'elle entende ce
qu'il ne lui serait pas séant d'écouter.

Quand Dorine et Damis ébauchent de concert le premier portrait de l'imposteur, quoiqu'Elmire pût y ajou-
ter, elle se tait par respect pour sa belle-mère présente, pour son mari absent, pour elle-même qui regarde
après tout l'hôte de son mari comme son hôte et qui
ne veut autoriser personne à se plaindre de lui plus
haut qu'elle.

Quand Dorine passera du portrait de Panulphe au
portrait d'Orgon, Elmire fera mieux que de se taire,
elle se sera retirée.

Jeune et belle comme elle est, dans un mariage mé-
diocrement assorti, si elle souffrait que personne, fût-
ce une servante dévouée, fit rire de son mari devant
elle, Elmire semblerait moins honnête femme; on
craindrait de la voir glisser sur la pente de la coquet-
terie.

Voilà pourquoi, dans son second travail comme dans
le premier, Molière a pris le même soin d'écarter
Elmire pendant l'entretien de Dorine et de Cléante,
pourquoi Elmire quitte la scène avec sa belle-mère et
n'y rentre que la confidence finie.

Au second acte, une seule différence appréciable,
la coupure de la dernière scène.

Après la brouille adorable de Valère et de Marianne,
au moment où Dorine sépare à grand peine les deux
amants réconciliés, Dorine ne sortait pas de la salle
basse. Elmire, Cléante et Damis venaient l'y rejoindre.
Second conseil de famille. Le premier avait conclu à
une démarche de Cléante auprès d'Orgon; celui-ci
concluait à une démarche d'Elmire auprès de Panulphe,
attendu que l'on commençait à soupçonner le fourbe de
ne la point haïr. La *Lettre* trouve la scène tout à fait
propre à éveiller la curiosité du public sur ce qui va se
passer dans le troisième acte (1).

Annoncer enfin l'entrée en scène de Panulphe et
pour son entrée cette première rencontre avec Elmire
dont il a subi le charme, c'était laisser le spectateur
affriandé sur une promesse de haut goût. De trop
haut goût, peut-être. Les situations hasardeuses ne de-
mandent pas toujours tant de lumière, et celle-ci
avait besoin d'être plus voilée. Panulphe amoureux!
Car c'est là dessus que l'on se fonde. Mais, d'abord, si
ce beau secret courait déjà toute la maison, Panulphe
serait un bien pauvre hypocrite. Faisons-lui l'honneur
de croire qu'il sait mieux dissimuler, d'autant plus
qu'un amoureux qui mange et dort comme lui, ne
semble pas si peu en état de cacher sa faiblesse. Ad-

« (1) Et par la finit l'acte qui laisse comme on voit dans toutes les
regles de l'art, une curiosité et une impatience extreme de savoir ce
qui arrivera de cette entrevue » P. 29.

mettons cependant qu'excepté pour Orgon, et pour sa
mère, cette faiblesse ne soit plus un mystère pour
personne : quelle autre difficulté! Comment cette famille d'honnêtes gens ne se sent-elle pas encore plus
de répulsion pour le misérable qui ajoute à son hypocrisie l'insolence de ses désirs? Comment croit-elle
pouvoir tirer de là quelque chose qui ne soit pas hon-
teux? Comment le frère, comment le beau-fils d'Elmire
engagent-ils l'un sa sœur, l'autre sa belle-mère, presque sa mère! dans une démarche où elle n'obtiendra
rien sans laisser sous-entendre un échange et espérer
un retour? Comment Elmire elle-même peut-elle
accepter officiellement un rôle dont tout le monde sent
les dessous?

Pour qu'Elmire le joue, sans y rien perdre de sa
propre estime, il faut qu'elle n'ait personne dans sa
confidence et que personne n'ait pris au sérieux la
boutade de Dorine :

Je crois que de Madame il est, ma foi ! jaloux.

Quand Dorine a jeté le mot en l'air, elle-même n'y
attachait pas plus d'importance; si elle a rencontré
juste par malice, Elmire le sait mieux qu'elle. C'est
bien pour cela qu'Elmire a gardé le silence, et c'est
parce qu'elle a gardé le silence, qu'elle a pu former
vaguement son dessein. — Il n'y aura jamais assez
d'admiration pour le silence d'Elmire.

Inutile au premier acte, le conseil de famille était
plus qu'inutile au second; Molière a supprimé la
scène, il a bien fait. Ce qui la condamnait encore,
c'est que le troisième acte ne s'en ouvrait pas moins
comme il s'ouvre, par la scène de Damis avec Dorine,
celle-ci guettant Tartuffe au passage pour le prier de
vouloir bien attendre sa maîtresse. Dorine dit-là tout
ce qui est à dire, rien de moins, rien de plus, elle pré-

pare ce qui est à préparer, sans laisser pressentir les nouveautés dont le public va être témoin; Panulphe n'a plus qu'à faire son entrée.

On sait la suite. La disposition du troisième acte n'a pas été modifiée depuis la *Lettre sur l'Imposteur*; mais ce qui s'est altéré sur plus d'un point, il faut le dire, c'est la tradition du jeu théâtral établi par Molière, et, avec elle, la tradition de sa pensée

Pourquoi Panulphe ne paraît-il qu'au troisième acte? L'auteur de la *Lettre* en donne la raison : c'est qu'il ne serait pas adroit de produire un personnage de ce caractère sans avoir à lui faire faire un jeu digne de lui. Il fallait, pour le présenter au public, attendre que l'action fût dans son fort. Elle y est. Tout a échoué contre l'entêtement d'Orgon; la pauvre Marianne sera sacrifiée. S'il lui reste une dernière chance de salut, c'est dans l'entretien particulier qu'Elmire fait demander à Panulphe. Il est donc temps d'introduire Panulphe sur la scène, et l'hypocrite s'y présente avec toutes les simagrées de sa profession. Sa grimace vient d'autant plus à propos que le masque va tomber tout de suite. Avant même qu'Elmire ait paru, aux premiers mots du message de Dorine, l'homme s'est trahi. « Il le reçoit (le message) avec une joie qui le décontenance et le jette un peu hors de son rôle. » Ainsi parle la *Lettre* et : « c'est ici, ajoute-t-elle, que l'on voit représenter mieux que nulle part ailleurs la force de l'amour et *les grands et beaux jeux* que cette passion peut faire par les effets involontaires qu'il (l'amour) produit dans l'âme de toutes la mieux concertée. »

Panulphe se compose presqu'aussitôt, il redevient maître de lui-même; mais de sa joie une espérance lui reste. A la manière dont s'est présentée cette fortune

inattendue, il l'aura prise pour une bonne fortune.
Toutes ses témérités vont être fondées sur cette illusion; mais l'illusion ne durerait pas, si Elmire la dissi-
pait à dessein ou négligeait seulement de l'entretenir,
« dans cette âme concertée entre toutes. »

L'inaltérable douceur d'Elmire a été la grande
séduction à laquelle Panulphe s'est laissé surprendre.
Ce n'est pas d'hier qu'il se tient devant elle dans l'attitude de ces mourants qui veulent être devinés. Il y a
employé les soupirs et les regards. Elle ne s'en est ni
amusée ni courroucée, elle s'est contentée de ne pas
y prendre garde. Il y a plus, au milieu de l'aver-
sion qu'inspirent autour d'elle Panulphe et son
Laurent, la politesse à laquelle se contraint l'excellent naturel d'Elmire fait un contraste dont Panulphe
s'est déjà prévalu en secret. Présentement, que de-
mande-t-elle enfin? Un tête-à-tête ! A ce tête-à-tête,
comment vient-elle ? Tranquille et gracieuse ainsi que
toujours, un peu plus prévenante peut-être parcequ'elle n'a pas si peu de chose à obtenir de ce men-
diant rhabillé : son renoncement à la main de Marianne et à la fortune qu'une si jolie main lui apporte.

Depuis deux siècles qu'on sait comment finit l'a-
venture, on a oublié qu'Elmire tente à peu près l'im-
possible. Elmire l'a oublié elle-même, et, jouant avec
distraction, une partie toujours gagnée, elle fait pré-
cisément ce qu'il faudrait pour la perdre.

De l'air dont elle aborde Panulphe aujourd'hui, ce
n'est plus elle qui « d'un mot d'entretien lui demande
la grâce. » Les rôles ont changé. Elle passait, à ce qu'il
semble, Panulphe sort de sa chambre comme l'araignée
de son trou; et, comme le papillon pris dans la toile,
Elmire tremble à l'approche du monstre.

Singulière inconséquence ! Cette femme vaillante

qui a sa famille à défendre et qui la défendra sans se
ménager dans son étrange démarche du quatrième
acte, se présente inquiète et timide au second ! Panulphe lui fait peur et dégoût. Sa chasteté d'honnête
femme retourne à l'innocence. Sa pudeur a des alar-
mes de jeune fille. Que Panulphe l'effleure seulement
du bord de son manteau, je ne dis pas encore de sa
main, elle change de couleur. En vérité, si le galant
de robe courte a pu prendre un moment le change,
attitude et physionomie, toute Elmire l'avertit qu'il se
trompe; et, s'il s'obstine à se tromper, de toutes les
dupes qu'il a pu faire, il n'est pas la moins aveugle,
ni la moins ridicule.

Il ne faut pas raffiner en délicatesse sur Molière.
Il ne faut pas non plus, quand il ose dépasser le point
où il a voulu s'arrêter. Le point, nous l'avons. La
Lettre sur l'Imposteur le fixe aussi nettement que le
récit peut définir un jeu de théâtre. Elmire et Panulphe
sont en présence, chacun avec son dessein particulier.
Tandis qu'Elmire hésite au début, et cherche avant
tout à gagner l'ennemi par sa complaisance, Panulphe
a beau jeu pour la prévenir et commencer à la tenir
en échec, sans paraître y penser (1). Il s'approche, elle
s'éloigne, il se rapproche toujours de même. S'il prend
la main d'Elmire, « c'est comme par manière de geste
et pour lui faire quelque protestation qui exige d'elle
une attention particulière. » S'il s'oublie à serrer cette
main qu'elle lui laisse, Elmire n'a l'air d'y soupçonner aucune intention. « Ouf ! vous me serrez fort, »
et avec tant de calme que Panulphe « s'oublie de nouveau. » Qui que ce soit qui se fût permis ce qu'il se
permet avec elle, Elmire romprait aussitôt l'entretien;

_____

(1)   **Même sans y penser, a ce qu'il semble** », p 39

mais rompre l'entretien c'est tout perdre, et, si confuse qu'elle soit de cette liberté : « Que fait là votre main ? » dit-elle simplement,

Ah ! de grâce laissez, je suis fort chatouilleuse

On y met pas plus de patience. « Enflammé par tous ces petits commencements, par la présence d'une femme bien faite, qu'il adore, *et qui le traite avec beaucoup de civilité* (1), et par les douceurs attachées à la première découverte d'une passion amoureuse », Panulphe hasarde enfin la déclaration que l'on sait. Le sang-froid d'Elmire ne se dément pas. Le geste de l'hypocrite était plus redoutable que son éloquence. Une déclaration en forme d'homélie était la seule que la jeune femme n'eût pas eu l'occasion d'entendre; elle s'en donne le divertissement à loisir, sûre maintenant d'arriver à son but en deux mots : Ou je dirai tout à mon mari, ou vous presserez vous-même le mariage de Valère avec Marianne.

Ainsi Elmire reste douce jusqu'au bout, douce parce qu'elle est forte. Que si quelqu'un lui reprochait ici « trop de bénignité », Molière la justifie par le couplet même où l'hypocrite s'excuse devant elle :

Et considererez, en regardant votre air
Que l'on n'est pas aveugle et qu'un homme est de chair.

« Il s'étend (il, c'est Panulphe), il s'étend admirablement là dessus, et lui fait si bien sentir (à la femme d'Orgon), son humanité et sa faiblesse, *qu'il ferait presque pitié*, s'il n'était interrompu par Damis. » (2).

« Presque pitié ! » Voilà bien Molière, toujours compâtissant envers l'amour, fut-ce envers celui de Panulphe ! Mais si Molière plaint ici son imposteur, c'est

(1) Page 40
(2) Page 41.   16

que l'imposteur est sincère aussi cette fois. Cela mé-
rite qu'on s'en souvienne.

— Entre le quatrième acte de 1667 et celui que
nous avons, point ou peu de différence. L'acte débute
de même : Panulphe mis au pied du mur par Cléante et
de faux-fuyants en faux-fuyants, réduit à la fuite, la
famille (1) alarmée, autour de Marianne qui se désole,
Orgon qui revient de chez son notaire avec le con-
trat (2).

L'auteur de la *Lettre* se demande si c'est ici ou
ailleurs qu'Orgon affirme de son Panulphe . « Il est
bien gentilhomme » et que Cléante objecte en forme de
sentence : « Il sied mal à ces sortes de gens de se
vanter des avantages du monde » ?

Molière songeait peut-être dès lors à faire passer cette réplique dans le rôle de Dorine, car le doute de
l'auteur anonyme n'est qu'un artifice assorti à son
déguisement; mais si la sentence en question (3) appar-
tenait originairement à Cléante, elle ne pouvait pas
encore se trouver dans le second acte, où Cléante ne
paraît pas.

Faut-il faire observer, par occasion, puisque nous
sommes revenus un moment au second acte, que la
Lettre ne dit rien du jeu muet de Dorine, lorsque celle-
ci, réduite à la pantomime pour stimuler la résistance
de Marianne, échappe par un triple lazzi au soufflet qu'Orgon lui apprête ? Le jeu de Dorine n'était-il
donc pas encore inventé ?

(1) C'était la quatrième fois que la famille se trouvait assemblée,
en attendant le dernier acte qui devait la réunir encore Raison de
plus pour que Molière supprimât le second et le troisième conseils de
famille

(2) Ou la dotation, dit la *Lettre,* page 49.

(3) Qui d'une sainte vie embrasse l'innocence
    Ne doit point tant prôner son nom et sa naissance

La *Lettre* — pour rentrer dans le quatrième acte — ne dit rien non plus de la petite toux avec laquelle Elmire ponctue les singularités du discours de Panulphe, et les souligne, à l'intention de son mari, caché sous la table. Ici, le silence du commentateur est bien plus significatif. Que le jeu de Dorine n'entrât pas dans son récit, c'est un détail négligé, voilà tout. Dans la scène où Panulphe presse si vivement Elmire, en vue d'une revanche, le récit ne néglige pas les détails; au contraire, il en donne un autre. C'est avec le pied (1) qu'Elmire fait tous les signes qu'elle peut pour déterminer Orgon à sortir de sa cachette. Qui n'oublie pas les signes du pied, n'aurait pas oublié la toux, à ce qu'il semble. Que conclure ? que le jeu aurait été ajouté depuis ? Tout porte à le croire. Peu rassurante par elle-même, la situation ne tournait pas au comique dans son audacieuse réalité. Les signes du pied étaient sourds, on pouvait douter qu'Orgon les entendît. Il fallait un autre moyen de rappeler toujours le mari au public et en même temps d'égayer la scène. Le moyen, on l'avait, c'était la toux habituelle d'Armande (2), il ne s'agissait que d'en régler les effets, et Molière les régla de la manière la plus heureuse (3).

(1) *Lettre*. Page 59.

(2) « Elle affecte la toux éternelle de la Molière » dit l'auteur de *La Fameuse comédienne*, en parlant de la fille La Tourelle qui dupa le président Lescot par sa ressemblance avec la veuve du grand poete. Voir *La Fameuse comédienne*, édition donnée par J. Bonassies. Paris 1870, p 47. — La femme et le mari toussaient l'un comme l'autre.

(3) C'est sans doute à ce besoin d'égayer la scène qu'on doit encore la singulière boutade :
Vous toussez fort, Madame ? — Oui, je suis au supplice.
— Vous plaît-il un morceau de ce jus de réglisse ?
ainsi que la réponse d'Elmire
L'intercalation est évidente, — le quatrain détonne de toutes les façons, — et elle a suivi la *Lettre*.

Quant à Elmire, aucune indécision sur l'attitude qu'elle a gardée tantôt avec Panulphe. La *Lettre* s'y reporte naturellement; car le quatrième acte sort du second, et la scène où Elmire force Panulphe à poser le masque est en préparation dans le troisième. Ce qui a rendu possible la mystique déclaration où s'est engagé l'imposteur, c'était l'obligeant accueil de la jeune femme; ce qui rend possible le second tête-à-tête et tout ce qui s'y passe, c'est le calme avec lequel elle a écouté la déclaration entière; si bien que, pour dissiper la défiance du maître fourbe, redoublée par une première surprise, Elmire n'a qu'à lui rappeler de point en point ce qu'elle a été envers lui. Et Panulphe a beau se tenir sur ses gardes, il ne peut se défendre d'être convaincu, puisqu'il l'est par la vérité.

Quelle admirable et terrible conception! Voici Panulphe bien perdu. Au moment où il croyait Elmire poussée à bout, Elmire se dérobe et le laisse aux bras de son mari qui le chasse. Il se redresse alors; il va se venger par un crime; mais, où le crime commence, le comique cesse; la comédie de l'hypocrite est achevée: elle le serait du moins, si Molière n'avait pas M. Loyal en réserve. Panulphe à peu près écarté de la scène, M. Loyal y entre à sa place. Qui, M. Loyal ? Vous le demandez ? M. Loyal est M. Loyal, comme Panulphe est Panulphe. La cabale ayant la main dans toutes les professions, M. Loyal est l'huissier de la cabale (1). Il en porte la marque dans toute sa personne. Plus raffiné coquin que pas un au-

(1) « Ce personnage est un supplément admirable du caractère bigot, et fait voir comme il en est de toutes professions et qui sont liés ensemble bien plus étroitement que ne le sont les gens de bien, parcequ'étant plus intéressés, ils considèrent davantage et connaissent mieux combien ils se peuvent être utiles les uns aux autres dans les occasions: ce qui est l'âme de la cabale. » *Lettre*, page 71

tre de sa robe; il vient faire « l'acte du monde le plus
sanglant avec toutes les façons qu'un homme de bien
pourrait faire le plus obligeant. » (1).

« Ce caractère est si beau, que je ne saurais en sortir, » dit l'auteur de la *Lettre*; aussi le poète « et il en
sait quelque chose » pour *le faire jouer plus longtemps*,
a employé toutes les adresses de son art. Il fait lui
dire plusieurs choses d'un ton et d'une force différente
par les diverses personnes qui composent la compagnie,
pour le faire répondre à toutes selon son but. Même,
pour le faire davantage parler, il le fait proposer et
offrir une espèce de grâce qui est un délai d'exécution, mais accompagné de circonstances plus cho-
quantes que ne serait un ordre absolu. »

On a retranché, depuis, l'offre du délai d'exécution,
comme si ce dernier trait du rôle eût été une lon-
gueur, de l'aveu même de Molière; Molière n'avoue
qu'une chose, sa prédilection particulière pour cette
scène. Il n'y avait rien à en supprimer.

Où Molière a fait lui-même une juste coupure,
c'est dans la piquante contestation de Mme Pernelle
qui s'obstine à ne pas croire, avec son fils qui croit,
parcequ'il a vu. Un peu plus long, le débat le serait
trop. Primitivement le trop y était, on va le voir.

Après les lieux communs que nous savons, « les
proverbes, les apophtegmes et les dictons du vieux
temps » ressassés par la bonne femme, venaient « les
exemples de sa jeunesse et des citations de gens qu'elle
avait connus. » Exemples et citations, Molière a tout
sacrifié à la rapidité de l'action, lancée maintenant

(1) « Et cette détestable manière sert encore au but des Panulphes
pour ne se point faire d'affaires nouvelles, et au contraire mettre
les autres dans le tort, par cette conduite si honnête en apparence
et si barbare en effet » Page 72

vers son bit, à l'anxiété de la crise, à l'attente du
dénoûment qui ne se laisse pas prévoir. Il faut que tout
se hâte et s'abrège, le compliment de Valère, les
adieux, le dernier choc de Panulphe avec Cléante. Le
spectateur ne peut plus se reposer qu'il n'ait vu tomber la foudre sur le malfaiteur et les gens de bien
passer de l'angoisse à la joie inespérée. C'est alors
que tout le monde respire, que l'éloquence peut éle-
ver la voix, sûre enfin et deux fois sûre d'être écoutée;
car elle est l'expression de la reconnaissance publique envers le prince égal aux Dieux qui dénoue, lui
aussi, l'action théâtrale par un prodige.

Prodige a recommencer ! mais, s'il se fut accompli
d'un seul coup, on voit ce que nous y perdions :
Tartuffe raconté et défendu devant ses juges par Molière ou sous l'inspiration de Molière.

La *Lettre sur la Comédie de l'Imposteur* se divise
en deux parts : (1) le récit et le plaidoyer, le compte
rendu de la représentation et l'examen des censures
portées contre la pièce.

Pour le récit, Molière peut s'être servi d'une autre
main. Le style l'indique ça et là, si l'on veut, et surtout la chaleur des éloges. Ce n'est pas Molière qui
s'est ainsi prodigué l'encens. Celui qui le lui brûle au
visage est un ami exalté par l'émotion publique, par la
douleur du poète et la grandeur de l'œuvre persécutée.

Mais, après de Visé, Molière a repassé la plume
sur le travail de son collaborateur. On le reconnaît à
la vigueur de la retouche, à l'énergie des gloses qu'il
a introduites et qui sont autant de traits nouveaux
contre l'hypocrisie. Quant aux louanges, qu'il ne se se-

---

(1) « Cette Lettre est composée de deux parties . la première est une
relation de la représentation de l'*Imposteur*, et la dernière consiste en
deux réflexions sur cette comédie. » Préface de la *Lettre*

rait pas décernées lui-même, il les laisse a la charge
de son ami. Pourquoi les effacer d'ailleurs ? Elles pro-
testent contre l'interdiction de la pièce et luttent pour
l'honneur de la maison.

Le récit achevé, le collaborateur disparait, sa tâche
est finie, Molière poursuit la sienne. Ici, Molière est
seul. Sur le fait de sa pièce, il produisait un avocat,
un spectateur représentant le public, ce vrai juge de
la comédie; pour les principes attaqués dans son
œuvre, il ne laisse à personne le soin de les justifier
et de discuter les deux griefs principaux allégués par
ses adversaires sérieux : 1° L'inconvenance de traiter
dans une salle de théâtre les matières de la religion;
2° celle de donner en spectacle public les témérités du
tête-à-tête.

Habile stratégiste, Molière avait déjà touché inci-
demment, à l'occasion de son troisième acte, l'emploi
de la langue de la dévotion dans la déclaration d'amour
de Panulphe. La thèse ainsi dégagée du point épineux,
il ne restait plus à Molière que de revendiquer pour
la comédie sérieuse le droit de proposer au public les
plus hautes vérités. A qui lui objectait l'indignité du
théâtre : Il n'y a pas de lieu si indigne, répond-il, où
ne descende la lumière du soleil : « Dieu remplit tout
de lui-même sans aucune distinction et ne dédaigne
pas d'être aussi présent dans les lieux les plus infâmes
que dans les plus augustes et les plus sacrés. »

« La charité, reprend-il plus loin, la charité ne
souffre point de bornes; tous lieux, tous temps lui
sont bons pour agir et faire du bien. Elle n'a point
d'égard à sa dignité quand il y va de son intérêt, et
comment pourrait-elle en avoir ? puisque cet intérêt
consistant, comme il fait, à convertir les méchants, il
faut qu'elle les cherche pour les combattre, et qu'elle

ne peut les trouver pour l'ordinaire, que dans des lieux indignes d'elle. »

Lisez tout, lisez ce qui suit sur les fausses bienséances, à l'abri desquelles se ménage la dignité « empruntée et relative » des grands. A cette gravité du discours, à cette argumentation si élevée où Molière parle si bien la langue de ses adversaires, on reconnaît le condisciple du prince de Conti, l'élève du college de Clermont, qui a complété ses fortes études, comme on fesait alors, par le cours de théologie; mais il est temps de nous arrêter dans cette voie, et nous allons retrouver, après le théologien, le moraliste, l'observateur, le mari.

Le but des deux grandes scènes d'Elmire et de Panulphe vous paraissait nettement indiqué. Mettre l'hypocrisie aux prises avec la tentation, et, volontaire ou involontaire, rendre sa défaite publique dans les circonstances les mieux préparées pour le retentissement de la comédie? Erreur ! Molière se glorifiant dans ces deux scènes affirme : « que jamais il ne s'est frappé un plus rude coup contre tout ce qui s'appelle galanterie solide en termes honnêtes...; et que, si quelque chose est capable de mettre la fidélité des mariages à l'abri des artifices de ses corrupteurs, c'est assurément cette comédie, parce que les voies les plus ordinaires et les plus fortes par où on a coutume d'attaquer les femmes y sont tournées en ridicule d'une manière si vive et si puissante qu'on paraîtrait sans doute ridicule, quand on voudrait les employer après cela, — et par conséquent on ne réussirait pas. »

Nous sommes bien placés, après deux siècles, pour savoir juger si Molière ne s'est pas fait illusion, et si *Tartuffe* a mis pour toujours la fidélité des mariages à l'abri des artifices dont on se sert pour la corrompre.

Lui-même n'était pas bien sûr de persuader aisément
ses lecteurs : « Quelques-uns, ajoute-t-il, trouveront
peut-être étrange ce que j'avance ici; mais je les prie
de n'en pas juger souverainement qu'ils n'aient vu
représenter la pièce, ou du moins de s'en rapporter à
ceux qui l'ont vue. » Il y a là un accent de conviction
qui fait sourire, mais qui donne à penser en même
temps. Evidemment cette instance redoublée n'est pas
d'un homme qui se joue du public et de lui-même avec
un paradoxe Molière se trompait sincèrement, voilà
tout. Sous quelle préoccupation? Est-il besoin de le
demander? celle de sa jalousie.

Il l'a nommée la grande misère attachée à l'institu-
tion de la société conjugale, cette *galanterie solide*,
qui va droit aux effets, et à laquelle il donne encore
un autre nom « la galanterie (1) du tête-à-tête. »

Si l'hypocrisie est l'ennemi commun contre lequel
il a eu l'imprudence de se lever seul, la galanterie du
tête-à-tête est son ennemi personnel, celui qui le me-
nace à chaque instant dans son bonheur et dans son
repos.

Par où perdre cet ennemi qui rôde incessamment
autour de lui, c'est-à-dire autour d'Armande ? à qui
tout sert de prélude: un compliment derrière la scène,
l'air enjoué ou l'air mourant, la prose ou le vers, le
bouquet anonyme, l'applaudissement et la place rete-
nue au théâtre avec une intention marquée? cet
ennemi toujours suspect, toujours insaisissable, dont
tout se fait complice, qui a pour lui la jeunesse, les
présents, la flatterie de l'adoration, l'ardeur du désir,
la surprise et la contagion de l'amour ?

A force d'y rêver, Molière a trouvé ce qu'il cher-

(1) *Lettre.* Page 95

chait, l'arme sûre, le ridicule. Avec le ridicule, toute
espèce de charme est rompu. Si le ridicule est une disconvenance (1), quoi de plus ridicule que l'entreprise
amoureuse d'un dévot de profession ? Qui voudra dé-
sormais essayer de ces préliminaires, de ces achemi-
nements de la galanterie solide, quand *Panulphe* les
aura discrédités en les contrefaisant ? et quel prestige
pourra conserver auprès des femmes ce manège avec
lequel on se flatte de les étourdir, lorsque la comédie
y aura attaché le souvenir de *Panulphe* ?

L'objection se présente tout de suite : Telles façons qui deviennent grotesques chez un cuistre comme
lui, n'auraient pas la même disconvenance, autrement dit, le même ridicule, chez un homme du monde.

A l'objection, la réponse; Molière la tient toute
prête : Il ne s'agit pas qu'un homme du monde soit ou
ne soit pas ridicule, la même situation donnée. Ce qui
importe, c'est qu'il y ait eu une première impression
de ce genre. De quelque façon qu'une femme puisse
être pressée, si elle reconnaît les moyens d'attaque
de *Panulphe*, dont elle a déjà ri, elle n'aura même
plus à se défendre, protégée « par la seule prévention
où la pièce l'aura mise. »

Veut-on cependant que son esprit revienne de cette
prévention ? — Mais le chemin qu'il avait fait du côté de
la désillusion est à refaire dans l'autre sens. Si peu de
temps que demande ce retour, c'est assez pour que
l'occasion soit perdue et que la tentative échoue; « car,
il a beau être « moralement parlant, le péché uni-
versel », ce péché de la galanterie ne nous tyrannise
pas aussi violemment qu'on pourrait le croire.

D'où procède-t-il ? Ecoutons bien ceci ·

(1) *Lettre,* page 98.

« Il procède beaucoup plus, surtout dans les femmes, des mœurs, de la liberté et de la légéreté de notre nation que d'aucun penchant naturel, étant certain, que, de toutes les nations civilisées, il n'en est point qui y soit moins portée par le tempérament que la française. »

« Surtout dans les femmes ». Et d'après quel modèle, étudié de plus près, Molière s'est-il fait cette idée ? N'est-ce pas d'après son Armande ?

Qui s'y serait attendu ? Le dernier mot de la *Lettre sur la comédie de l'Imposteur*, le voici : Célimène justifiée par Alceste, ou du moins Alceste plaidant la circonstance atténuante dans la cause de Célimène.

O cœur du sage, cœur de l'homme ! Une brochure écrite dans un intérêt si pressant, entre tant de respect qui se contient, et tant d'indignation qui s'happe ! une éloquence si grave, puisée à la même source que l'éloquence de ses adversaires, à la source sacrée ! une analyse si exacte de la comédie, un raisonnement si philosophique sur la nature du ridicule et du rire ! Et au fond de tout cela, toujours Armande ! et les visites qu'elle reçoit, et les hommages qu'elle accueille et les soupirs qu'elle encourage ! toujours Armande, française par excellence, puisqu'elle est devenue parisienne, Armande que Molière aime trop pour s'en croire jamais assez aimé, avec laquelle il ne peut pas plus vivre qu'il ne peut vivre sans elle, Armande qu'il n'accuse jamais dans son cœur, sans être encore plus prompt à l'excuser !

(Extrait des Mémoires de la Société Académique de Cherbourg).

CHERBOURG — IMPRIMERIE A. MOUCHEL

www.ingramcontent.com/pod-product-compliance
Lightning Source LLC
LaVergne TN
LVHW022213080426
835511LV00008B/1738